AF593067

CONSTITVTIONS DE L'ORDRE ET RELIGION DE LA MILICE CHRESTIENNE.

Sous le tiltre de la Conception de la bien-heureuse Vierge Marie, Immaculee.

Erigee par la pieté, bonté & ordonnance de nostre tres-sainct Pere le Pape Vrbain VIII.

Imprimees par le commandement du Conseil Superieur de ce mesme Ordre.

Et traduittes par M. DE MAROLLES, *Abbé de Baugerais, suyuant la copie Latine de l'Imprimerie de la Chambre Apostolique à Rome.* M. DC. XXV.

Auec permission des Superieurs.

A PARIS,
De l'Imprimerie de FRANÇOIS HVBY, ruë S. Iacques, à la Bible d'Or.

M. DC. XXVI.

LA MARQVE OV LA CROIX DE L'ORDRE ET RELIGION DE LA MILICE CHRESTIENNE, SOVS LE TILTRE DE LA CONCEPTION DE LA BIEN-HEVREVSE VIERGE MARIE, TOVS-IOVRS IMMACVLEE.

CONSTITVTIONS

DE L'ORDRE ET RELIGION DE la Milice Chrestienne.

Sous le Tiltre de la Conception de la bien-heureuse Vierge Marie Immaculee.

Erigee par la pieté, bonté & ordonnance de nostre tres-sainct Pere le Pape, Vrbain viij.

CHAPITRE I.

Du Tiltre & des Patrons de cet Ordre.

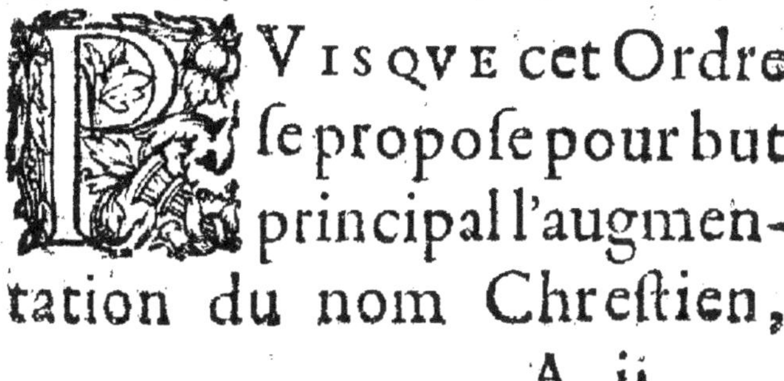

PVISQVE cet Ordre se propose pour but principal l'augmentation du nom Chrestien,

& la deffence de la ſaincte Egliſe Catholique, Apoſtolique & Romaine : afin qu'en entreprenant vn ſi digne & ſi heroïque ouurage, ſes deſſeins ſoient plus heureux, & que l'aſſiſtance de Dieu tout-puiſſant vienne pluſtoſt à ſon ſecours; il commence bien à propos d'emprunter ſon nom de la *Vierge, Mere de Dieu*, & d'implorer l'interceſſion de cette glorieuſe Princeſſe des Anges, qu'vn diuin Oracle a dés les premiers commẽcemens du monde promis aux hommes, comme pour leur conduitte, & pour marcher deuant les Enſeignes des ſol-

Geneſ. c. 3.

dats de *Iesus-Christ* son Fils. C'est elle, qui dés la premiere origine de sa Conception (s'il faut ainsi dire) iusques aux derniers souspirs de sa vie, ayant brisé la teste du Serpent, rompu les loix du peché, & dissipé les forces de l'Enfer, paroist sur l'Orison comme vne belle Aurore: laquelle, tout ainsi qu'elle a autrefois esclairé le Siecle nouueau, respand maintenant sa lumiere, pour illustrer & renouueler l'aage, dans lequel nous viuons,

Le siecle de la naissance de Iesus-Christ.

Certes, tout l'exercite des Anges, admire cette excellente Reyne du Ciel & de la terre, qui est comme vne Lune tousiours pleine, & iamais subiette aux changemẽs: Et laquelle, bien qu'elle ait attaint à vne souueraine & immortelle perfection de beauté, de grandeur, & de puissance, ne laisse pas de s'humilier elle mesme, & de rauallеr merueilleusemẽt toutes ces pompes Royales, pour enseigner qu'il faut fouler aux pieds la gloire de peu de durée, des Empires et des Dominations. Elle choisit Dieu, l'vnique clarté de son ame, pour les amours et les delices de son cœur: Et choisie de Dieu entre tout le monde, elle esclaire par la candeur de son innocence, com-

Cantiq. 6.

me vn beau Soleil, chez qui ce mesme Dieu a esleu sa demeure, & s'est reposé en son sein: Ce qui est pour nous exciter plus ardamment, à rejetter les œuures des tenebres, & à nous couurir des armes de lumiere. Indubitablement celuy qui nous a voulu appeller à la iouyssance d'vne si agreable splendeur, esclaire si viuemẽt nos cœurs par les rayons de sa bonté, qu'il nous oblige d'employer tout le temps de nos vies, à publier par tout les loüanges de ses vertus, & accroistre les limites de son Empire, & veut que nous conjoingnions nos infatigables

1. Epistre de S. Piere, ch. 2.

ſoings, & nos deſſeins militaires, auec ceux de ſa tres-ſaincte Mere, qui s'eſt touſjours monſtrée formidable aux ennemis de Dieu, com-
Cantiq. 6. me vne armée rangée dedans le champ de bataille.

La marque de noſtre Milice eſt honorable, puiſque l'ornement du Ciel y paroiſt,
Apoc. 12. vne femme entourée du Soleil, qui a la Lune ſoubs ſes pieds, & dont la teſte eſt couronnée d'Eſtoilles: Mais bien qu'elle regne au deſſus des Aſtres auec ſon Fils, qui eſt aſſis à la dextre du Pere; Si eſt-ce que, comme vne Mere qui eſt encore preſte d'enfanter, elle crie ſans ceſſe, ſoigneuſe

de procurer nostre salut, & porte le peuple fidelle dans le sein de sa misericorde, afin qu'ayant despouillé les foiblesses de son vieil aage, pour estre regeneré en nouueauté d'esprit, il apprenne derechef à regir les Nations sous la verge de fer, auec vn courage constant & genereux, & s'en aille chargé de victoires & de despouilles, aux pieds du Throsne de Dieu.

Nous souhaittons aussi, bien qu'indignes, d'estre spirituellement enroollez dedans les armées, qui soubs S. Michel Conducteur des Legions Celestes, combattent contre le Dragon & ses An- *Apoc.12.*

ges, & qui contribuent leurs ſoings continuels, afin que cette admirable Femme mette au iour ſes Enfans.

Nous auons creu que nous ne deuions point non plus obmettre le ſecours de ſainct François, ce ſublime Seraphin, lequel en ſe leuant du lieu où le Soleil prẽd ſon origine, ſollicite nos eſprits de ſe leuer de l'Occident des choſes caduques, aux penſées de leur eternité, & auec d'heureux auſpices nous attire, pour diſſiper les tenebres eſpanduës ſur les Nations de l'Orient, par la lumiere de la foy, & de cette pieuſe Milice; puis qu'il porte le ſigne de

Selon la viſion de l'Apoc. ch. 7.

Dieu viuant, c'eſt à dire, la viue Image de la Croix, que nous voulons eſtre emprein-te ſur nos eſtendars; mais particulierement ſur nos cœurs.

La protection de ſainct Baſile ne nous ſeruira point auſſi d'vn foible ſecours, ny d'vn mediocre ornement, ſi par ſon interceſſion il rend maintenant la ſplendeur à la Grece, & à l'Egliſe d'Orient, qu'il luy auoit autre-fois acquiſe par ſon inſigne doctrine, & ſon incomparable ſaincteté, & s'il nous remet en intelligence auec ſes Concitoyens: afin qu'en ſecoüant le joug de Mahommet, auec vn effort commun, nous ſeruions tous enſemble à *Ieſus-Chriſt*, & que nous taſchions à reſtablir la Majeſté de ſon nom, dedans les meſmes païs où autre-fois elle a receu plus de clarté.

Ceux donc qui combattront dans cet Ordre, ſeront nommez; *Les Cheualiers de la Milice Chreſtienne, ſous le Tiltre de la Conception de la bienheureuſe Vierge Marie, touſiours Immaculee*, & ſoubs la Regle de ſainct François, conformée par ces Conſtitutions, à l'vſage Militaire.

Mais quant aux Patrons de cette Milice, les principaux ſeront cette meſme Vierge, Mere de noſtre Seigneur Iesus-Christ, sainct Michel Archange, sainct François, & sainct Basile; cettuy-cy en Occident, & cet autre en Orient, fameux Instituteurs de deux Ordres, aussi grands, qu'ils ont esté produicts par vne ferueur vrayement Apostolique.

De l'Eſtendart, du Sceau, & de l'Habit de la Religion.

CHAPITRE II.

L'Eſtendart general de l'Ordre, ſous lequel il faudra combattre, & par terre & par mer, ſera touſiours gardé chez le Grand Maiſtre : Il ſera blanc, & portera d'vne part l' mage de *Ieſus-Chriſt* crucifié, & au deſſous vn Mont de Caluaire. A coſté droict de cette Image, on verra celle de la bien-heureuſe *Vierge Marie*, compatiſſante aux douleurs de son Fils. Et du costé senestre, l'Archange sainct Michel sera figuré, perçant de sa main gauche auec vne lance façonnee comme vne Croix, le Dragon renuersé sous ses pieds, & leuera dedans sa main droicte, vne espee, où seront grauez ces mots, QVIS VT DEVS? afin que par ces augustes signes, les Cheualiers soient exhortez de conseruer dedans leurs cœurs, & dedans les saincts lieux, la veneration de Iesus-Christ, deuenus compagnons de ses souffrances, & formez sur l'exemple de sa mort, par laquelle s'estant couróné de gloire & d'hon-

S. Paul aux Heb. ch. 2.

neur par deſſus toutes les Principautez & Dominations de la terre, il a eſleué le Trophee de la Croix, & à manifeſté à tout le monde la puiſſance de ſa Diuinité.

Dans l'autre partie de l'Eſtendart, ſera repreſentee vne grande Croix de couleur bleuë, ſemblable à celle que le Grand Maiſtre porte : au milieu de laquelle il y aura vne Image de la Vierge Marie, conuenable au Myſtere de ſa Conception, entouree du Soleil, ayant la Lune ſous ſes pieds, & portant ſur ſa teſte, vne Couronne embellie de douze Eſtoilles. Du coſté droict de cette grande

Croix

Croix, se verra l'image de sainct François portant ses stigmates, & de l'autre costé, sera celle de sainct Bazille, vestu à la façon des Patriarches de Grece, & le cordon de S. François passera tout à l'entour des bords des deux faces de l'Estendar.

L'image de la bien-heureuse Vierge sera grauee dãs le sceau de l'Ordre, toute telle que les Cheualiers la portent sur le manteau.

Mais afin que ces mesmes Cheualiers & Religieux de l'Ordre, reçoiuent l'armure de Dieu en vn habit sainct, pour auoir la force de resister au iour mal-heureux, qu'ils *Epist. aux Eph. 6.*

portent au col vne Croix d'or eſmaillee de bleu, où ſoit repreſentee au milieu d'vne part, l'Image de la Conception, entouree du cordon de ſainct François: & de l'autre, l'Image de ſainct Michel Archange, telleque l'on l'a depeinte dans l'Eſtendar. Mais le ruban ou le cordon qui attachera cette Croix au col, doit eſtre tiſſu de ſoye bleuë, auec de l'or. De plus, on mettra ſur le manteau vne autre Croix de pareille forme, où l'Image de la ſaincte Vierge ſera encor' entouree du cordon de ſainct François, & entre les Angles de ladicte Croix, il y aura comme des petites langues de feu, parmy leſquelles on verra briller l'apparence d'vn foudre, ou de la poincte d'vn dard. Les Croix de tous les Cheualiers ſeront ſemblables, iuſques au Chapitre general, où il les faudra diſtinguer, ſelon les diuerſes dignitez, de grand Maiſtre, de Prieur, de Commandeurs, & de Cheualiers.

Que ſi quelques-vns ſont maintenant receus compagnons d'Armes, qu'ils portent vne Croix de velours, où ſoit attaché au milieu l'Image de la bien-heureuſe Vierge Marie, & qu'vne treſſe d'or la borde tout à l'entour.

CHAPITRE III.

De ceux qui peuuent eſtre receus dans l'Ordre.

Ors que quelques vns voudrōt eſtre enrollez en cette ſacrée Milice, & en prendre l'habit deuant le Chapitre general, qui ſe doit bien-toſt celebrer, ils le pourront receuoir des Inſtituteurs de l'Ordre, ou du Conſeil ſuperieur eſtably à Rome, dans le Palais de ſainct Iean de Latran, ou de ceux à qui le Souuerain Pontife en a concedé le pouuoir. Que si quelque Prince , ou homme de grande qualité, reçoit l'habit des Nonces Apostoliques par vne specialle delegation du sainct Siege, il pourra admettre en l'Ordre, & donner l'habit au Destroict, ou au Royaume où il faict sa demeure, iusques à la celebration du Chapitre general, pourueu toutefois que l'instituteur ne soit point en ce lieu-là. Mais quand l'assemblée generalle aura esté tenuë, & que le grand Maistre sera esleu, l'auctorité luy appartiendra seulement de receuoir en l'Ordre, & de departir la puissance aux autres, pour donner l'habit à ceux qui ſeront admis pour eſtre faits Cheualiers.

Et d'autant qu'il faut que les preuues de ceux qui doiuent eſtre receus ſoient faites auec ordre, les Inſtituteurs pourront, en attendant le Chapitre general, eſtablir en leurs Deſtroicts vn conſeil particulier de douze Cheualiers, quatre Eccleſiaſtiques, & huict Laïques, ou d'vn plus petit nombre de chacun s'il en eſt beſoing, par l'auctorité duquel on donnera la commiſſion à deux Cheualiers de Iuſtice de voir les preuues, & de les examiner. Et puis quand par des témoignages irreprochables elles auront esté admises du dict Conseil, elles seront enuoyées de la part d'iceluy, auec lettres necessaires pour l'argent du passage, au Conseil superieur, estably à Rome: lequel Conseil, n'y rencontrant aucune difficulté, seront admises par le Iuge des preuues, & demeureront dans les Archiues publiques, apres que de la part du Conseil superieur on aura enuoyé des lettres, faisant foy de cette admission au Conseil du Destroict, où l'on aura faict les preuues. Et celuy qui sera receu dans l'Ordre, demandera, & sera tenu de prendre lettres de teſmoignage de ſa reception, ſouſcripte par deux Cheualiers, & par le Secretaire du Conſcil particulier, auec le ſceau de l'Ordre. Et parce que la plus ample declaratiō & diſtinction des Deſtroirs eſt reſeruée au Chapitre general : le Deſtroict, ou l'vn des Inſtituteurs, faict ordinairement ſa reſidēce, comme en ſon propre pays, ſera eſtimé appartenir à ce meſme Inſtituteur, auec les prouinces voiſines pour y exercer ſa fonction.

Chapitre IIII.

Des conditions de ceux qui doiuent eſtre receus.

E n'eſt point ſans raiſon que l'Apoſtre nous exhorte de tenir ferme dans le combat de la foy, & que le Seigneur a autrefois commandé à Moyſe que les cãps de ſes armées fuſſent ſaincts, & qu'il n'y euſt point de ſoüilleure dans leurs enclos. C'eſt pourquoy nous auons auſſi ordonné que l'on n'admettra aucunement en cette ſacrée Milice, quiconque n'aura point vne ferme & entiere croyance de la foy Catholique, & qui n'obeyra point à la ſaincte Egliſe Apoſtolique & Romaine: non plus que ceux qui par d'irreprochables teſmoignages, ſelon la couſtume du pays, ne pourront prouuer les tiltres de leur Nobleſſe du coſté paternel & maternel, pour le moins iuſques au quatrieſme degré incluſiuement; c'eſt à dire, qu'il puiſſe declarer qu'il eſt Noble, & qu'il ait tiré ce droict de ſon pere, que ſon pere l'ait receu du grand-pere, & le grand-pere de l'ayeul.

Toutefois on excepte ceux-là que leur propre vertu, ou que celle de leurs ancestres ont esleués à la dignité de Prince, ou de General d'armée de l'Empereur ou d'vn Roy. Mais les Nobles de pere seulement, & qui ne le sont point du costé de la mere, ne laisseront pas de pouuoir estre receus, auec dispense du grand Maistre, ayãt obtenu premierement vn bref Apostolique pour leur recommandation. Et encor que quelqu'vn se presente sãs auoir aucun tiltre de Noblesse du costé de son pere ou de sa mere, si est-ce qu'il pourra estre admis en cét

Ordre par quelque ſignalé ſeruice qu'il y auroit rendu, ou pour auoir eſté beaucoup vtile à ſon accroiſſement. De plus, ſi quelques-vns erigent ou inſtituent des Commanderies, encores qu'ils ne puiſſent monſtrer ſi exactement les preuues de leur Nobleſſe: Ils pourront neantmoins eſtre receus à prendre l'habit des Cheualiers, pourueu qu'ils ayent payé le paſſage: ſi toutefois le Chapitre General ne trouue bon d'en aduiſer autrement. Quant aux Compagnons ou Freres d'armes. Ils ſeront receus par ceux à qui, comme nous auons dict auparauant, le pouuoir en a eſté donné, en attendant le Chapitre general.

L'entrée de cét Ordre ſera interdite, à tous ceux qui ne ſeront point naiz en legitime mariage, ſi ils ne ſont Fils d'Empereurs, de Roys, ou de Princes, de qui releuent immediatement des Marquis & des Comtes. Mais pourtant ſi cette exception n'aggrée point aux Pollonnois, ou aux autres peuples qui ne reçoiuent point les legitimations, elle ne ſeruira de rien en leurs Royaumes, ou dans leurs Nations. Ceux auſſi qui de droict ou de fait ſont marqués de quelque notte d'infamie, n'y ſeront aucunement receus.

Et pour ce qui concerne ceux qui doiuent entrer dãs l'Ordre, ils doiuent auoir attaint l'aage de douze ans accomplis, ſi neantmoins pour quelques importantes raiſons, il ne ſemble bon autrement au Conſeil, qui eſt maintenant inſtitué à Rome; ou bien au grand Maiſtre de l'Ordre, apres le Chapitre general, pourueu qu'ils ayẽt receu vn bref Apoſtolique de recommandation. Mais ils ne feront point le vœu de la Religion, que le ſeizieſme an de leur aage ne ſoit finy.

Dauantage, qu'aucun ne puiſſe eſtre receu entre les Cheualiers qui ont faict leurs preuues, ſoit Eccleſiaſtique ou Laique, ſi il ne jouiſt pour le moins de deux cens eſcus d'or de reuenu par an, & entre les Compagnons d'armes, s'il n'en jouyſt de cent: Mais on donne la puiſſance à chaque Deſtroict, d'accroiſtre cette ſomme, ſelon les diuers vſages des Nations, ayant touſiours eſgard que l'Habit de cette ſacrée Milice, ſoit porté auec l'ornemēt requis, & ſans l'indecence d'vne honteuſe eſpargne.

Les Eccleſiaſtiques qui en voudront auoir les marques

au col , ou bien ſur le manteau , & eſtre promeuz aux dignitez de l'Ordre, comme de Prieurez & Commanderies , ſeront obligez de faire les preuues de leur Nobleſſe, & de payer leur reception, comme les autres Cheualiers; Mais ils ne ſeront point tenus de dire d'autres prieres, outre leur Office, qu'ils ſont obligez de reciter , à raiſon du degré de leur Ordre, & du benefice dont ils jouyſſent. Ils ſeront toutesfois exhortez de reciter , ſelon leur commodité, les prieres qui ſont ordonnées pour les Cheualiers , & ils diront la Meſſe, ou feront la ſaincte

Communion

Communion, aux iours que les autres Cheualiers ſont tenus de la faire. Ce qui s'entend tout de meſme des autres Eccleſiaſtiques qui demeureront dedans les maiſons Regulieres de cette Milice, afin qu'ils faſſent les diuins Offices, adminiſtrent les Sacremens de l'Egliſe aux Cheualiers & Compagnons d'armes, & ſe trouuent aux actes & ceremonies requiſes, quand ces meſmes Cheualiers prendront l'Habit, & rendront leurs vœux. Mais l'on ne demandera point de teſmoignage de Nobleſſe à ces Eccleſiaſtiques là, ny eux auſſi ne ſeront point obligez (outre la celebration de la Messe) de reciter d'autres Offices en public, hors-mis les Litanies de la Vierge tous les iours, & les Vespres aux Dimanches & iours de Festes, & employeront le reste du temps aux pieux exercices de la vie spirituelle, aux œuures de charité, & aux estudes conuenables à leur profession: afin que comme les autres Cheualiers auec les armes, ceux-cy auec la pieté & la doctrine combattent pour Iesus-Christ, & s'excitent eux-mesmes, & sollicitent leurs prochains à la veneration de sa saincte Croix, & à l'imitation de sa mort.

Et pour le regard des Compagnons d'armes, ils ne payeront que la moitié du passage, & seront obligez de donner des preuues de leur vie & bonnes mœurs, & comment ils sont sortis d'honneste lieu.

CAPITRE V.

De la forme de donner l'habit aux Cheualiers, & de les receuoir a faire profession.

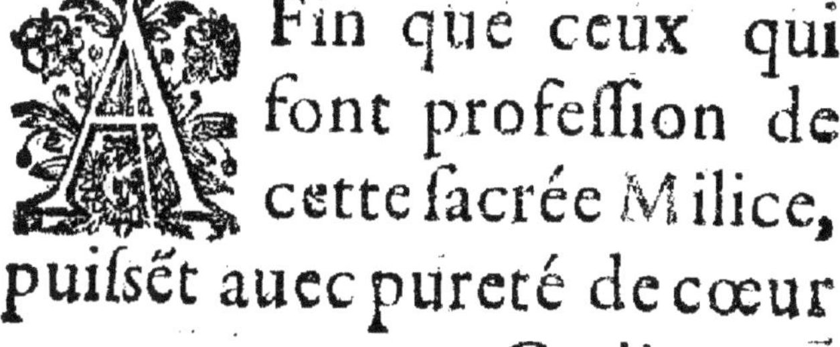

Fin que ceux qui font profession de cette sacrée Milice, puissēt auec pureté de cœur

& integrité de conſcience, meriter quelque reſcompenſe de la diuine bonté; Il faut ſoigneuſemẽt éuiter, qu'aucun apres auoir engagé ſa foy à Ieſus-Chriſt & à ſa Mere, ne ſe rende coulpable d'vne griefue faute, manquant à ſa promeſſe auec impieté, en la gardant auec negligence. Et partant, afin qu'auec vne plus meure deliberation, chacun entreprẽne vne œuure ſi pieuſe; Nous auons ordonné qu'il y auroit vne année d'approbation pour la diſpoſer en cette ſorte.

Quant celuy qui a la puiſſance de receuoir, n'aura point trouué de deffauts aux conditions requiſes à celuy qui demande l'entrée dans l'Ordre, & apres auoir admis les preuues de ſa Nobleſſe, le iugera vtile à la Religion, auec le Conſeil de ceux auſquels il appartient d'en opiner, il prendra ſon nom pour eſtre eſcrit dans le Regiſtre ou le liure de la Milice, que l'on conſeruera pour cet vſage, & ce ſera la premiere forme de la reception. Puis apres il ſera veſtu de l'Habit de l'Ordre en quelque Monaſtere de la Reigle de ſainct François, en attendant que cette Religion ait ſes Egliſes propres. Le Superieur du Monaſtere, apres auoir beny l'Habit ſelon la couſtume (qui ſera expoſée en ſuitte plus au long) il le preſentera au Cheualier, à qui le pouuoir aura eſté concedé de donner l'Habit aux Nouices: & quand il l'aura veſtu du Manteau de l'Ordre, il luy ceindra le baudrier & l'eſpée, & luy fera mettre les eſperons, & puis en l'embraſſant luy dira.

Ie vous reçois en l'Ordre & Religion de la Milice Chreſtienne, erigée ſous le Tiltre de la Conception de la bien-heureuſe Marie, touſiours Vierge Immaculée : Et ſous la protection de la meſme Vierge, de S. Michel Archange, de ſainct

François, & de ſainct Bazille: afin que la tres-ſaincte Trinité vous preſerue par leurs interceſsions, & vous fortifie pour aduancer la gloire de ſon nom, procurer la paix des Chreſtiens, & les deliurer de la captiuité des Infidelles.

Ces paroles finies, il veſtira le Nouice du ſolemnel Habit de la Religion, & mettra la Croix de l'Ordre à ſon col, où il la portera auec vn ruban de ſoye blanche, iuſques au temps de ſa profeſſion, & non pas ſur le Manteau. Mais afin que cét offre de celuy qui s'enrolle dans cette milice, ſoit plus agreable à Dieu, qu'au meſme iour qu'il prendra l'Habit, il reçoiue les Sacremens de la Confeſſion, & de la ſaincte Communion: & que deuant & apres la reception de l'Habit, il demeure trois iours dans la maiſon reguliere, où la ceremonie aura eſté faicte, ſe retirant hors des agitations mondaines, pour vaquer aux œuures pieuſes de l'oraiſon, des bonnes lectures, des entretiens ſpirituels, & autres ſemblables occupations.

La profeſſion ſe differera iuſques à l'an reuolu, depuis le iour que l'on a pris l'Habit de Nouice: Et alors que deuant & apres le vœu ſolemnel, le nouueau Cheualier vienne à se retirer quinze iours durant, ou à tout le moins huict, de toutes sortes d'affaires du monde, pour se preparer à receuoir plus dignement les Sacremens de Penitence & de l'Eucharistie: & qu'il fasse en sorte qu'il se descharge du peché qui l'enuironne, & luy pese comme vn fardeau, afin que plus facillement il coure au combat qu'il s'est proposé, & qu'il tourne ses yeux vers Iesus, qui donne le commencement & la perfection à nostre foy, & a souffert plus doucement les trauaux de sa Croix, en se representant la ioye qu'il en receuoit; Estant

Epist. aux Heb. 12.

enfin conuenable, qu'aprez nous eſtre munis d'vne ſi ſaincte penſée, & d'vn ſi digne exemple, & animés par l'eſpoir de participer à la récompenſe de ſes merites; nous apprenions à reſiſter au peché auec allegreſſe, iuſques à l'effuſion de noſtre ſang, & à combattre contre les vices & contre les ennemis de noſtre Ame & de l'Egliſe. Or on fera profeſſion entre les mains du Superieur du Monaſtere, en preſence, & par l'approbation du Cheualier de cette Milice, à qui ce ſoing ſera commis.

Les Inſtituteurs de l'Ordre, & ceux qui en ſuitte y obtiendront les principales dignitez, s'eſtudieront, & il leur ſera permis de faire baſtir, auec la licence des Ordinaires, des maiſons regulieres, le pluſtoſt qu'ils pourront commodément : où les preſtres, & les autres perſõnes d'Egliſe, qui embraſſeront ce ſainct Inſtitut, obſerueront vñe pieuſe maniere de viure, ſelon les regles appropriées à ce deſſein. Ils viuront ſous la conduitte d'vn Superieur, qui ſera approuué par le commun conſentement de tous, ou de la plus grãde part: Lequel, ou celuy qui en ſon abſence exercera ſa charge, aura le pouuoir de faire toutes les meſmes choſes.

CHAPITRE VI.

Des vœux auſquels ſont obligés les Cheualiers.

IL eſt porté par la Bulle de noſtre tres-ſainct Pere le Pape, Vrbain VIII. donnée en faueur de l'erection de la Milice Chreſtienne, que les Cheualiers ſont obligez de faire les Vœux de Pauureté, de Chaſteté, & d'Obedience, auec leur profeſſion de foy.

Mais selon la declaration du Pape, nostre Religion entēd ainsi son Vœu de Paureté: A sçauoir, que les Cheualiers ne pourront aucunement aliener le fonds qui est des-ja acquis, ou qui se pourra acquerir pour les reuenus de l'Ordre, ayant seulement le pouuoir d'en conuertir pour leur necessité, les rentes & les fruicts de chaque année. Mais ils seront aduertis qu'ils doiuent estre tousiours preparez de les despendre pour le besoing de la Religion, l'vtilité de l'Eglise Catholique, & la deffence du nom Chrestien, ou pour quelque autre pareille occaſion, qui ſeroit iugee à propos par le ſainct Siege. Et apres leur decez, ces ſuſdits biens doiuent retourner à la Religion. Quant aux biens de patrimoine, ou à ceux qui ſont acquis, ou qui ſe pourront acquerir d'ailleurs; Le Vœu de Pauureté n'a point de lieu.

La forme des vœux que l'on est obligé de faire.

Chapitre VII.

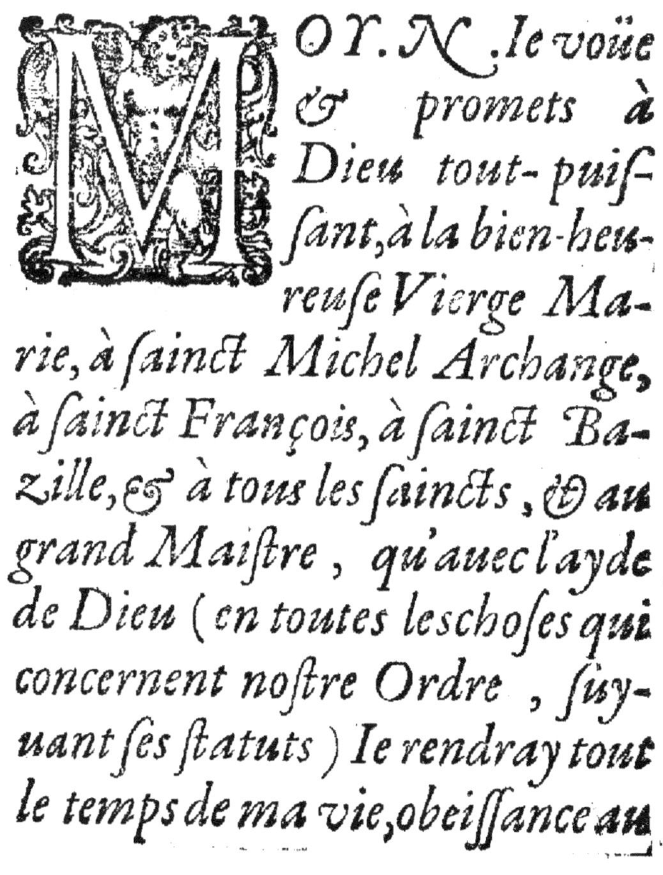

MOY. N. Ie voüe & promets à Dieu tout-puissant, à la bien-heureuse Vierge Marie, à sainct Michel Archange, à sainct François, à sainct Bazille, & à tous les saincts, & au grand Maistre, qu'auec l'ayde de Dieu (en toutes les choses qui concernent nostre Ordre, suyuant ses statuts) Ie rendray tout le temps de ma vie, obeissance au

Superieur qui me ſera ordonné par la Religion de la Milice Chreſtienne, erigée ſous le Tiltre de la bien-heureuſe Vierge Marie Immaculée, & que ie garderay la chaſteté coniugale, & le vœu de pauureté aux choſes qui ſont du meſme Ordre. Je iure & promets de combattre par terre & par mer, contre les Infidelles, & les ennemis de la ſaincte Egliſe Romaine, lors qu'il me ſera commandé par le grand Maiſtre, pourueu que ie n'en ſois point empeſché par des cauſes legitimes de quelque notable intereſt, pour le ſuiet d'vne charge publique, ou de maladies, leſquelles cauſes ie declareray au grand Maiſtre. Ie promets

auſſi

aussi qu'entant qu'il me sera possible, & que i'en auray les moyens, ie m'employeray à la propagation de la foy Catholique, au recouurement de la Terre saincte, à vne iuste paix entre les Princes & les peuples Chrestiens, à leur deliurance du ioug des Infidelles, & à la deffence & augmentation de cette saincte Milice: & que ie maintiendray tousiours la verité de la Conception Immaculée de la Vierge Marie: Et en cela, & en toutes choses, ie procureray la gloire de la tres-saincte Mere de Dieu, selon l'opinion de l'Eglise Romaine.

Auparauant que le Nouice fasse son Vœu, il sera vestu

d'vne robe blanche, telle qu'il auoit quand il prit l'Habit de la Religion: Et ſoudain qu'il aura faict ſon Vœu, on luy donnera vn Manteau bleu, auec le Cordon de meſme couleur, tiſſu auec de l'or, auquel ſera attachée vne Croix qu'il portera au col; & puis on luy ceindra l'eſpée au coſté, & on luy mettra les eſperons.

Et d'autant que ce n'eſt point le deſir du gain; mais l'ardeur d'vne charité Chreſtienne qui nous doit attirer dans cette ſacrée Milice, en laquelle nous reputons à grand aduantage, l'honneur de voüer nos vies & nos biẽs pour le seruice de Dieu; Il est necessaire qu'auparauant que quelqu'vn soit receu à faire le Vœu de Cheualier, il contribue pour le passage (afin de parler selõ les termes de la Bulle) deux cens escus d'or, de la valeur de douze * Iules pour escu: & cet argent donné pour le passage, sera mis dedans le lieu public, destiné à cet effect, pour establir le fonds de l'Ordre. Ce qui est bien peu de chose, si on le compare au bon-heur de participer aux graces diuines, & aux récompenses de louanges, de dignitez, de reuenus, & de plusieurs commoditez, que cer-

* Qui reuiẽnent au prix de soixante sols pour escu.

te Religion (ornée par tant de priuileges , & qui porte ſes deſſeins à l'execution de glorieuſes entrepriſes) promet à ces Cheualiers.

Que ſi quelque Eccleſiaſtique , ou Laique de quelque dignité , ou eminente condition que ce ſoit , veut prendre l'Habit de l'Ordre; il luy ſera conferé par le conſeil Superieur , ou par l'Inſtituteur, ou bien par le grãd Maiſtre, quand il ſera eſleu, ou par quelque autre perſonne d'authorité, qui en aura le pouuoir de ceux-là. Et vn Eccleſiaſtique qui prendra l'Habit, fera ſon Vœu en cette ſorte.

Moy N. ie promets en l'honneur de Dieu tout-puissant, de la bien-heureuse Vierge Marie, de sainct Michel Archange, de sainct François, & de sainct Bazille, que ie rendray toute l'assistance qu'il me sera possible, au grand Maistre de la Milice Chrestienne erigee sous le tiltre de la Conception de la bien-heureuse Vierge Marïe Immaculee, lequel i'honoreray & respecteray tousiours, comme aussi les autres Superieurs de cette Religion, en tout ce qui concernera le reglement de cette Milice, sa conseruation, & l'accroissement de ses biens spirituels & temporels, suyuant les Constitutions de l'Ordre. Et autant que i'en au-

ray le pouuoir, ie procureray par toute ſorte de moyens legitimes, la propagation de la foy Catholique, le recouurement de la terre ſaincte, vne iuſte paix entre les Princes & les peuples Chreſtiens, & leur deliurance de l'oppreſsion des Infidelles: Ie maintiendray touſiours la verité de la Conception immaculée de la Mere de Dieu: & en cela, & en toutes choſes, ie procureray & ſouſtiendray ſa gloire, ſelon l'opinion de la ſaincte Egliſe Romaine.

Chapitre VIII.

Des choses, à quoy les Cheualiers & les Freres de cette Milice sont obligez.

Es Cheualiers & les Freres, ou les Cōpagnons d'Armes de cette Milice, sont obligez de garder les Vœux qu'ils ont faicts : Mais ils ne sont point tenus de combattre à leurs propres despens, si ce n'est à raison des reuenus, des fruicts, & des soldes qu'ils auront tirées de l'Ordre, ou que la Religion Chreſtienne, le ſainct Siege, ou tout le Corps de cette meſme Milice, vinſſent à tomber en quelque notable dãger. Les Cheualiers ne peuuent aliener les biẽs immeubles; mais peuuent conuertir à leur vſage, toutes ſorte de reuenus annuels, acquis en faueur de la Religion, pourueu qu'vn tel vſage de fruicts ne diminue point le commun Domaine de l'Ordre.

De plus, ſans qu'il y ait quelque legitime & grand empeſchement; Ils ſont obligez, outre la feſte de Paſques, apres auoir faict vne bonne confeſſion de leurs pechez, de receuoir la sacrée Communion aux festes de la Natiuité de nostre Seigneur, de la Pentecoste, de l'Assumption, & de la Conception de la bien-heureuse Vierge Marie Immaculée, de l'Inuention & de l'Exaltation de saincte Croix, de sainct Michel Archange au mois de Septembre, de sainct Frãçois & de sainct Bazille: & toutes les fois qu'ils iront à la guerre, soit par terre ou par mer. Dauantage, ils sont encore exhortez de receuoir pour le moins vne fois le mois, la tres-saincte Communion, tout de mesme qu'aux autres festes de la bien-heureuse

Vierge, & des Apoſtres, qu'ils doiuent auoir en ſinguliere veneration, comme eſtant les tres-puiſſans & fauorables Patrons de leur Inſtitut heroique, deſtiné pour la propagation de la foy enſeignée par ces glorieux Saincts.

Ils reciteront auſſi tous les iours, cinq fois l'oraiſon Dominicale, en l'honneur & memoire des cinq playes que noſtre Seigneur a receuës, pour nous laiſſer l'exemple en ſuyuant ſes veſtiges, de ſouffrir auec ioye toute ſorte de trauaux, & la mort meſme, pour la grandeur de ſon nom. Outre cela ils diront cinq fois la ſalutation Angelique, pour rendre l'honneur qui eſt deu à la bien-heureuſe Vierge ; afin qu'ils ſe l'acquierent touſiours pour benigne Aduocate, & particulierement dedans les grandes difficultez, & les perils eminents de la mort. Ce qu'ils obtiendront facilement, ſi ſe ſouuenant auec quelle ardeur elle s'eſt iointe aux affections enflammées, qui ont porté ſon Fils à rechercher le ſalut de tous les hommes, ils viennent à dreſſer à cette fin tous leurs ſoings, leurs entrepriſes, & leurs trauaux.

Nous les admoneſtons auſſi de reciter chaque iour, ou pour le moins aux Dimanches, & aux Feſtes, les Litanies & l'Office de la Vierge, en l'honneur de ſa Conception. Et quand ils auront dict cinq fois l'oraiſon de noſtre Seigneur, ils diront pour les treſpaſſez le Pſeaume *De profundis*, & *Salue Regina*, & ceux qui ne ſçaurõt point ces deux dernieres Oraiſons par cœur, reciteront en leur lieu, trois fois *Pater noſter*, & *Aue Maria*.

Lors qu'ils ſe repoſeront du trauail des armes , qu'ils prennent ſoing de s'exercer dans les œuures de la charité Chreſtienne, à viſiter les malades, à secourir ceux qui sont detenus en prison, & racheter les captifs, à entreprendre le droict des pupilles & des vefues, à subuenir aux necessitez des pauures, à suiure auec humilité le tres-sainct Sacrement de l'Eucharistie, quand ils le rencontreront à leur chemin, iusques au lieu où il sera porté; A entendre la Messe tous les iours, à se trouuer au sermon, à s'occuper aux lectures pieuses, à s'abstenir de toute sorte de iuremens, contentions, impudicitez, paroles des-honnestes, & de toutes les choses illicites, & à garder les preceptes & les ieunes de l'Eglise, afin qu'ils se monstrent en toutes façons religieux obseruateurs des commandemens de Dieu, se seruant des armes de Iustice dans les difficultez & prosperitez : Mais qu'ils s'employent tellement aux exercices de la guerre, pour combattre leurs ennemis visibles, qu'ils se souuiennent aussi de pẽser à la cõseruation de leur propre salut, contre la chair & le sang, & les princes des tenebres qui habitans dedans l'air, taschent de nous surprendre par leurs malices spirituelles. Qu'ils repriment leurs desirs desreglez, par le soing d'vne modeste & cha-

2. Epist. aux Corinth. ch. 6

Epist. aux Ephes. ch. 6.

S. Luc. ch. 11.

ste conuersation, & qu'ils se reuestent de la Iustice, comme d'vne forte cuirace, pour se deffendre contre les dards enflammez du demon, de crainte qu'ils ne transpercent leurs cœurs, & que par la playe mortelle du peché, ils ne les priue de la grace, qui est la vie de l'esprit. Qu'ils soient vigilans en la priere: afin que preuoyans les embusches de Satan, ils s'en puissent facilement deliurer, & publiēt auec asseurance, plustost par la lumiere de la vertu, que par la splendeur des armes, le mystere de l'Euangile, pour lequel ils ont la gloire d'exercer l'office d'vne glorieuſe legation; & font profeſſion à la face de tous les peuples, & de tous les Roys de la terre, d'eſtre les perpetuels deffenſeurs de la foy Chreſtienne.

Si quelqu'vn de cette Milice meurt, que les Cheualiers qui ſe trouueront en la méme ville, ou au méme lieu, ſoient obligez d'aſſiſter à ſes funerailles, & de le porter eux-meſmes iuſques dedans le tombeau : Et tous les autres, tant Eccleſiaſtiques que Laiques, chacun en leur particulier, dans les limites de leur Deſtroict, ſoulageront l'ame du treſpaſſé par les ſuffrages d'vne Meſſe, pour le moins.

CHA-

CHAPITRE IX.

Du Conseil institué à Rome, & du temps de tenir le premier Chapitre general.

QVe toutes les choses qui cócernent particulierement les reglemens & l'augmentation de l'Ordre, soient determinees par le Conseil superieur institué à Rome, par authorité Apostolique, iusques au Chapitre general, qui se doit bientost tenir, selon qu'il sera ordonné par le ſainct Siege : lequel Conſeil s'aſſemblera vne fois la ſepmaine le Mardy, ou plus ſouuent, s'il eſt beſoing.

Tous les Freres & Cheualiers auront vn grand Maiſtre, eſleu d'entre ceux de leur Ordre, duquel la charge durera ſix ans, & ſeront tenus de luy obeyr eſtroictement aux choſes qui concernent la religiõ. Et ceux qui ſeront deputez par les Deſtroicts & Nations où l'Ordre aura eſté receu, pour auoir droit d'élire le grãd Maiſtre au Chapitre general qui ſera tenu à Rome, au pluſtoſt qu'il ſe pourra, donneront leur voix pour cette eslection, en la forme qu'ils aduiseront estre pour le mieux, auec le Conseil maintenant estably à Rome.

Chapitre X.

De l'Eslection du grand Maistre.

APres le tres-sainct sacrifice de la Messe, & soudain que l'on aura chanté l'Hymne du sainct Esprit, chaque Destroict & Cheualier ettera dedans vn vase son suffrage escrit, & comme ils y auront eſté tous mis, ils en ſeront retirez par trois perſonnes choiſies: l'vn, d'entre les Cheualiers de Iuſtice: l'autre, du nombre des Eccleſiaſtiques, & le dernier, des Compagnons d'armes, qui les meſleront, & en feront le denombrement: & quiconque aura pour ſoy les trois parts des voix, ſera grand Maiſtre de cette Ordre & Religion.

Par les Cheualiers de Iuſtice, on entend ceux qui ont faict exactemẽt leur preuue de Nobleſſe.

Mais l'Eſlection de ce grãd Maiſtre, ſera ſans diſtinction de pays, & il pourra eſtre creé de tous les quatre Deſtroicts, pour durer ſeulement ſix ans, au bout deſquels, il ceſſera d'exercer ſa charge. Et puis il faudra de cette meſme façon en eslire vn autre à cette dignité pour le mesme temps ; & sera choisi parmy tous les Destroicts, reserué dedans le premier, dont le grand Maistre precedent aura esté esleu ; cõtinuant tousjours de la sorte, iusques à ce que l'eslection arriue au dernier Destroict : Et cette forme se doit tousiours obseruer par tous les Destroicts, pour l'eslection du grand Maistre de l'Ordre. Mais s'il arriue qu'auparauant que les six ans soiẽt expirez, le grand Maistre meure, le Conseil créera vn Vicaire ou Lieutenant general, pour regir toute nostre Religion, en la place du deffunct, iuſques à la fin du ſixieſme an, & ſera du meſme Deſtroict qu'eſtoit le grand Maiſtre decedé.

Quant à ce qui concerne vne plus ample & plus reglee direction de cet Ordre, ſoit de l'authorité, de la puiſſance, & de l'Office du grand Maiſtre, ou de la diuiſion des quatre Deſtroicts d'Orient, d'Occident, de Septemtrion & de Midy, ſoit de la diſtinction des Prieurez, Commãderies, & autres dignitez, de la façon de viure dedans les maiſons regulieres, & de pluſieurs autres ſtatuts qui ſe doiuent encore eſtablir, cela est remis au Chapitre general.

Mais ces Statuts & Reglemens instituez par le grand Maistre, & le Chapitre general, toutes les fois qu'il sera trouué vtile selon l'occurrence des temps, & la Nature des lieux, ou le besoing des affaires, pourront estre changez, reformez, corrigez, alterez, limitez, declarez, augmentez & accrus de nouueau, pourueu que l'on le iuge à propos pour vne meilleure conduitte de cette Milice.

Moy Victorius, Abbé d'Accurence, Secretaire de l'Or-

dre, i'ay souscrit ces presentes Constitutions, par l'Ordonnance du Conseil superieur de ce mesme Ordre.

Et plus bas,

Qu'il soit imprimé auec licence du Reuerendissime Pere le Maistre du sacré Palais, A. Euesque d'Eraclee, Vice-regent.

Et plus bas,

Qu'il soit imprimé, Frere *Nicolas Ridolphi de l'Ordre des Predicateurs, Maistre du sacré Palais.*

BREF DE CONFIRMATION

pour les Constitutions de l'Ordre & Religion de la Milice Chrestienne, sous le tiltre de la Conception de la bien-heureuse Vierge Marie Immaculee.

VRBAIN, PAPE VIII.

Pour seruir de perpetuelle memoire.

Elon que nous auons esté cy-deuant conuiez par les humbles supplications qui nous ont esté presentees, de la part de nos chers fils, dont la qualité est cogneuë: Ferdinand, Duc de Mantouë : Charles, Duc de Neuers: & Adolphe, Comte d'Althan ; Nous auons de nostre authorité Apostolique, & sans preiudice d'autruy, erigé & institué vn Ordre Militaire, qui portera le nom de Milice Chrestienne, sous le Tiltre de la Conception de la bien-heureuse Marie, tousiours Vierge Immaculee, & so⁹ la Regle de S. François, & la protection de S. Michel Archange, & de S. Bazile : Et cet Ordre sera regi par vn Chef, que l'on nommera *Grand Maistre* lequel y exercera la charge de Superieur, & aura tel nombre de Cheualiers & Officiers, qu'il iugera à propos.

De plus, nous permettons à ce mesme grand Maistre, & au Chapitre general, de faire des Constitutions, des Statuts, des Ordonnances, & des Establissemens vtiles pour le gouuernement de l'Ordre; pourueu qu'estãs licites & honnestes, & non contraires aux sacrez Canons & Decrets du Concile de Trente, ils soient approuuez du sainct Siege. Mais selon l'occurrence des temps, nous leur donnons aussi le pouuoir de les annuller, reuoquer, changer, moderer, corriger, ou les augmenter de nouueau , comme il eſt contenu plus amplement ailleurs dans nos lettres expediees ſous le plomb , dont nous voulons que la teneur ſoit expreſſement attachee à la fin des preſentes.

Mais ſuiuant ce que Charles, Duc de Neuers , nous a dernierement fait entendre: que depuis peu, quelques ſtatuts ont eſté faits, pour l'heureux eſtabliſſement & gouuernemēt de cette Milice, & qu'il deſiroit ardāment que pour en rendre l'obſeruation inuiolable, ils fuſſent maintenus par l'authorité de noſtre confirmation Apoſtolique; Nous deſirons de fauoriſer à la pieté des Vœux dudict Duc de Neuers, entant qu'il nous sera possible, auec nostre Seigneur, & l'assister de nos graces speciales: Et nous inclinant aux humbles supplications qui nous ont esté presentees de sa part, nous l'absoluons par les presentes, pour la fin speciale de le rendre capable d'obtenir ce qu'elles contiennent, & le declarons pour estre desormais absous de toutes sentences Ecclesiastiques, d'excommunication, de suspension & d'interdict, & autres censures & peines, tant de droict que de faict, au cas qu'il fust tombé en ces liens, pour quelque occaſion ; ou cauſe que cela pourroit arriuer. Et en vertu deſdites preſentes, par authorité Apoſtolique, nous approuuons & confirmons ces ſuſdits Statuts, pourueu que licites & honneſtes, ils ne ſoient point reuoquez ny compris reſpectiuement ſoubs aucunes reuocations, & ne cōtrarient aux ſacrez Canons & Decrets du Cōcile de Trente, & aux Conſtitutions des Apoſtres, ny à la fidelité qui nous eſt deuë, ny à l'obeyſſance de l'Egliſe Romaine. A quoy nous adiouſtons les forces de l'immortelle & inuiolable fermeté Apoſtolique, & ſuppleons à tous les deffauts, tant de droict que de faict, s'il s'en trouue aucun : Ordonnant auſſi que ces Statuts ſeront inuiolablement obſeruez par tous ceux, à qui il appartient, & appartiendra à l'aduenir. Et declarant que quoy qui ſera entrepris à l'encontre par quelque perſonne d'authorité que ſe puiſſe eſtre, ſcienment, ou ignoramment, n'aura point de lieu, & ſera ſans aucun effect, nonobſtant les Conſtitutions & Ordonnances Apoſtoliques, & le reſte de toutes les autres choſes qui ſeroient faictes à l'encontre.

Donné à Rome à sainct Pierre, soubs l'Anneau du Pescheur, le vingt-quatriesme iour de May, mil six cens vingt-cinq, & de nostre Pontificat le second.

V. THEATIN.

BVLLE

BVLLE APOSTOLIQVE de nostre sainct Pere le Pape, Vrbain VIII.

Pour l'erection de l'Ordre & Religion de la Milice Chrestienne.

Sous le Tiltre de la Conception de la bien-heureuse Vierge Marie Immaculee, & sous la Reigle de sainct François, & de ses Priuileges, Exemptions & Indults.

VRBAIN EVESQVE, Seruiteur des Seruiteurs de Dieu.

Pour seruir de perpetuelle memoire.

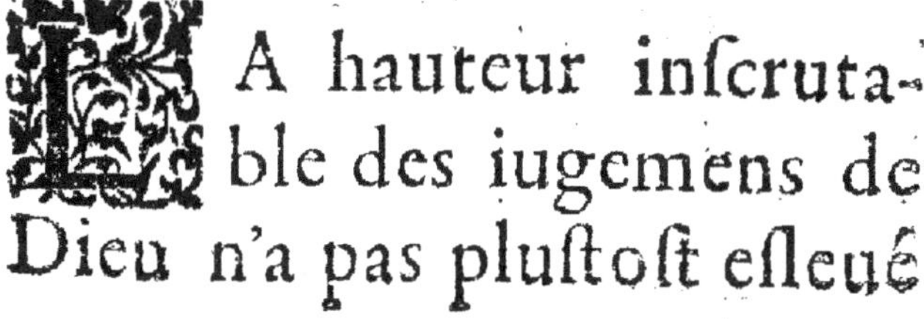

A hauteur inscrutable des iugemens de Dieu n'a pas plustost esleué nostre bassesse, sans que nous l'ayons merité, à la supréme dignité de souuerain Pontife, qu'entre plusieurs soings importans de nostre charge Apostolique ; nous auons auec beaucoup de raison ietté les yeux, & appliqué nostre speciale attention sur les Ordres militaires, qui dés long-temps ont apporté vn bien tres-grand à la Republique Chrestienne, s'exposans glorieusement à diuers perils par terre & par mer, pour la deffense de la foy Catholique. Dautant que comme les ennemis inuisibles de l'Eglise Militante, sont heureusement surmontez par les armes ſpirituelles de la Iuſtice Euangelique: Ainſi il eſt fort conuenable que la Religion Orthodoxe ſoit defẽduë par les armes viſibles, contre les Nations qui ont perdu la lumiere de la foy donnee d'enhaut, & eſtans ennemis du nom Chreſtien, ſe portent de tout leur effort à ſa ruyne. C'eſt pourquoy nous ſommes remplis d'vne ioye incroyable, quand les Princes s'employent d'vn cœur genereux, pour amplifier les anciens Ordres militaires, ou pour en eſtablir de nouueaux par la faueur de l'authorité Apoſtolique. Mais principalement nous nous resiouyssons en Dieu quand ils tournent leurs pensees à l'establissement d'vne Religion militaire, soubs l'inuocation de la Conception de la Vierge immaculee Mere de Dieu, que les fideles Chrestiens ont tousiours eu pour leur fauorable Aduocate enuers son Fils vnique, comme celle qui a le pouuoir & la pieuse volonté d'interceder sans cesse pour le salut du gẽre humain, vers le Roy qui a pris d'elle sa naissance. Ce qui nous faict esperer qu'vne telle institution causera de grands biens à la Republique Chrestienne, par les prieres de la Vierge, Reyne des

Cieux. Ce qui fait aussi que l'Eglise, ornee par ce moyen d'vn vestement de diuerses couleurs, paroist plus agreable aux yeux de son celeste espoux: Et se rendant terrible, ainsi qu'vne armee en bataille, elle renuerse les peuples qui luy font la guerre, & faict voir qu'estant assistee du secours diuin, les portes de l'Enfer n'auront iamais de puissance sur elle. Ces raisons veritablement nous induisent d'escouter & receuoir fauorablement les prieres de ceux qui s'affectionnent auec soing à l'aduancement d'vn œuure si salutaire, & nous les y animons par nos vœux & desirs autant que nous pouuons, auec la grace de Dieu, nous souuenant combien cela conuient à la benignité, qui doit estre conioincte à la charge Pontificale. Or à ce sujet, la requeste qui nous a este depuis peu presentee de la part de nos fils bien-aymez, dont la qualité est cogneuë : Ferdinand, Duc de Mantoüe: Charles, Duc de Niuernois: & Adolphe, Comte d'Althan; contenoit que depuis quelque temps, estans esmeus par la consideration des biens celestes, & par la pleine cognoissance, qu'il n'y a rien plus digne d'vn

Prince Chreſtien, que d'appliquer toutes ſes penſees & ſes actions au deſſein d'accroiſtre l'honneur de Dieu, le ſouuerain Autheur de tous les biens, dilater la religion Catholique, defendre les Chreſtiens, & abbaiſſer les ennemis de la foy Orthodoxe : ils ſe ſeroient propoſez d'inſtituer vne forme de Milice Chreſtienne, en laquelle l'on puiſſe receuoir de toutes les Nations Chreſtiennes, ceux dont la Nobleſſe eſt certaine, afin qu'ils combattent, ſelon les occaſions, par mer & par terre, pour le ſouſtien de la foy Catholique contre ſes ennemis. Et d'autant que, comme ils adiouſtoient par leur requeſte, plusieurs Catholiques, de diuerſes Nations, deſirent d'embraſſer cet Inſtitut, & s'enroolller en cete Milice: & que l'ō peut eſperer qu'eſtāt eſtablie par l'authorité du Siege Apoſtolique, l'Egliſe en receura, non ſeulement de l'ornement, mais auſſi beaucoup de ſecours: les Ducs ſuſ-nommez, Ferdinand, & Charles, & Adolphe Comte, deſirans que cet œuure pieux & loüable fuſt paracheué ſoubs noſtre conduitte & protection: Nous ont fait ſupplier humblement qu'il nous pleuſt de pouruoir opportunément, ſelon la benignité Apoſtolique, aux choſes cy-deſſus repreſentees. Partant, nous qui ſouhaittons d'vne affection ſincere l'augmentation du culte diuin, & que la propagation de la foy Catholique prenne par tout vigueur; Nous auons iugé à propos de fortifier la reſolution que les Ducs ſuſ-nommez, Ferdinand, & Charles, & Adolphe Comte, ont priſe, de dõner progrez à cette Milice Chreſtienne : & nous inclinant à leur ſupplicatiõ, les abſoluõs par les preſentes pour la fin ſpeciale de les rendre capables d'obtenir ce qu'elles contiennent, & les declarons pour eſtre deſormais abſous, eux enſemble, & chacun d'eux, de toutes les ſentences Eccleſiaſtiques, d'excommunication, de ſuſpention & d'interdict, & autres cenſures & peines portees par le Droict, ou denoncees par ceux qui en ont le pouuoir, au cas qu'ils fuſſent tombez en ces liens, pour quelque occaſion & cauſe, ou en quelque maniere que cela pourroit arriuer. Et en vertu des preſentes, par authorité Apoſtolique, nous erigeons à perpetuité, & inſtituons vn Ordre Militaire, qui portera le nom de Milice Chreſtienne, ſoubs le Tiltre de la

Conception de la bien-heureuse Vierge Marie Immaculee, que les sus-nommez Ducs, Ferdinand, & Charles, & Adolphe, Comte, ont eu tousiours, & auront, pour Aduocate, enuers son Fils misericordieux. Cette Milice sera soubs la Reigle de S. François, & soubs la protection de l'Archange S. Michel, & de S. Basile. Elle sera regie par vn Chef, que l'on nommera Grand Maistre, lequel y exercera la charge de Superieur, fera sa demeure, & tiēdra sa Cōmunauté, & le corps principal de sa Religiō, au lieu qui luy sera assigné cōuenable pour cet effect, lequel sera esleu au Chapitre de l'Ordre: et dãs trois mois, à compter depuis le iour de son eslection; Il sera obligé d'impetrer sa confirmation du Siege Apostolique, auquel il appartient de le confirmer, ou de le refuser, selon qu'il sera raisonnable. Le Grand Maistre aura tel nombre de Cheualiers et d'Officiers qu'il iugera vtile, lequel, comme aussi les Cheualiers, seront obligez de porter l'Habit de cet Ordre, et chacun d'eux pour sa reception et son passage, payera deux cens escus d'or, de la valeur de douze Iules pour chaque escu, qui seront mis dans le thresor de l'Ordre. Les Cheualiers feront leur Nouitiat & Probation en quelque maison reguliere de l'Ordre, selon qu'elle leur sera assignee par le Grand Maistre, ou par celuy qui sera deputé pour cet effect. Et apres feröt le Vœu de Chasteté coniugale, de Pauureté & d'Obedience, selon qu'il sera exprimé par les Statuts de l'Ordre. Ils feront aussi la profession de foy, & presteront le serment de fidelité, que doit tout fidele Cheualier au S. Siege Apostolique, & au Pape qui sera pour lors. Et seront tenus de combattre, par mer & par terre, contre les Infideles ; & les ennemis de la saincte Eglise Romaine, & de la foy Catholique, quand il leur sera commandé, & que l'occasion & la necessité le requerront. L'on pourra receuoir pour Cheualiers, & admettre à porter l'Habit & la Croix, & faire profession de cet Ordre, mesme ceux qui sont, ou auront esté mariez vne seule fois, ou qui apres la mort de leur premiere femme, se seroient remariez auec vne fille ou vefue, & nõ autremẽt. Les Cheualiers non mariez pourront apres la profession, contracter mariage pour la premiere fois, & apres la mort de

Ce qui veut dire qu'ils ne pourront estre receus sans dispence, s'ils ont esté mariez plus de deux fois.

leur premiere femme, ſe remarier auec vne qui n'auroit eſté mariee, ou qui ſeroit veſue, ſans qu'il leur ſoit beſoing de diſpenſe. De plus, nous concedons à cet Ordre le pouuoir d'eſtablir la Menſe de Grand Maiſtre, & les reuenus neceſſaires pour ſon entretenement, comme auſſi les offices, les droicts, les iuriſdictions, les marques & prerogatiues accouſtumees, ſelon la forme des autres Milices, en quelques lieux qu'elles ſoient inſtituees, ſans toutesfois preiudicier à autruy. Et à cette Milice ainſi erigee & inſtituee, nous aſſignons pour ſon dot toutes et chacunes les sommes de deniers prouenans de la reception ou passage de chaque Cheualier, desorte qu'elles ne puissent estre employees en nul autre vsage, s'il n'est autrement ordonné par le Siege Apostolique. Pareillemēt nous appliquons à perpetuité, et approprions à cet Ordre, dés maintenant comme dés lors, et dés lors comme maintenant, toute sorte de biens, pourueu toutesfois qu'ils ne soient Ecclesiastiques, mais purement Laïques, qui luy auroient esté conferez par quelques sortes de personnes, en quelque temps, & en quelque maniere

niere que ce soit, sans preiudice de la constitution du Pape Clement VIII. nostre predecesseur d'heureuse memoire, qui commence, *Romanum decet Pontificem*, donnée à Rome à S. Pierre, sous cette datte, *Romæ apud sanctum Petrum, pridie Nonas Iulij, pontificatus anno decimo.* Nous exemptons aussi, & liberons de la iurisdiction & subiection des Primats, Patriarches, Archeuesques, Euesques, Ordinaires, & tous autres Prelats, cet Ordre, le lieu où sera estably le corps de la Religion, les Prieurez, Commanderies, & Eglises qui en dependent: Comme aussi le Grand Maistre, les Prieurs, les Commandeurs, les Cheualiers, tant Ecclesiastiques que Laiques, leurs officiers, fermiers, vassaux, seruiteurs, laboureurs, leurs biens, champs, granges, & enfin toutes les choses qui leur appartiennent, soubs le tiltre & au nom de l'Ordre: Et nous submettons, eux & leurs biens, à nous, & au sainct Siege Apostolique immediatement, & les receuōs en nostre sauue garde & protection du Sainct Siege. Dauantage, nous concedons au Grand Maistre & à ses Cheualiers, encore qu'ils ayent esté, ou soient mariez pour la premiere fois, & apres la mort de la premiere femme, ayent pris, ou prennent pour femme, vne qui n'auroit esté mariée, ou seroit vefue, de pouuoir librement & licitement iouyr durant leur vie d'vne, ou plusieurs pensions annuelles, pourueu que toutes ensemble n'excedẽt pour chaque personne, la somme de trois cens escus de monnoye Romaine, de la valeur de dix Iules pour escu; soit que lesdites pensions soient assignees sur les fruicts, reuenus, profits, droicts, émolumens & distributions quotidiẽnes: bref, sur tous les biẽs de quelque nature que ce ſoit , dependans des Egliſes cathredrales,meſme des Metropolitaines : comme auſſi des menſes & reuenus des maiſons Abbatiales , des Cõmunautez Conuentuelles & Capitulaires,& des biens des Monaſteres , encore qu'ils ſoient Conſiſtoriaux , des Prieurez,des Prebendes, Dignitez,Adminiſtrations, Offices , & enfin de toutes ſortes de benefices Eccleſiaſtiques,ſoit auec charge, ou sãs charge d'ame, ſeculiers , ou appartenans à quelconques Ordres & Milices reguliers, & en quelque maniere qu'ils ſoient qualifiez. Leſquelles pẽſions les Cheualiers pourront se reseruer, canoniquemẽt receuoir, exiger & conuertir en leur vsage & profit, ensemble auec les Commanderies, Prieurez, & autres benefices quelconques appartenans à la Milice. Nous donnons aussi le pouuoir au Grand Maistre, & au Chapitre general de l'Ordre, d'ordonner & d'establir toutes les Constitutions, Statuts, Ordonnances, Chapitres & Establissemens vtiles pour le gouuernement de l'Ordre, pourueu qu'ils soient licites, & non contraires aux sacrez Canons, & aux Decrets du Concile de Trente, & soient approuués du sainct Siege.

Le Grand Maistre, & le Chapitre general, pourront, selon l'estat des choses, & la diuersité des temps, reuoquer les statuts, les changer, moderer, corriger & en establir de nouueaux, & apres qu'ils auront esté establis, reuoquez, changez, moderez, corrigez, proposez de nouueau, & approuuez par le sainct Siege, & non autrement; Demeureront valides & efficaces, auront leur plein & entier effect, & serõt gardez par les Cheualiers & Confreres Religieux, & tous ceux qui dépendent de cet Ordre : De sorte que les Cheualiers, & autres Religieux de cette

Milice, ne puissent en sorte quelconque resilier de ces Statuts; mais soient obligez de les obseruer: & pourront y estre contraincts par des censures Ecclesiastiques, & autres peines. Et d'autant que pour iuste cause, l'essection du grand Maistre de cette Milice, erigée en vertu des presentes, doit estre differée iusques au Chapitre general, qui sera celebré à Rome, à la feste de la tres-saincte Pentecoste, mil six cens vingt-cinq: afin que le progrez de cette Milice, ne soit cependant retardé, & pour satisfaire à la deuotion de ceux qui desirent en prendre l'Habit; Nous concedons & departons vne ample puiſſance & libre faculté, par l'authorité & la teneur des preſentes, à Charles, Duc de Neuers, de deputer douze Cheualiers de cet Ordre, pour eſtre Directeurs du Deſtroict Oriental, du Meridional, de celuy de l'Occident & du Septentrional, en ſorte que pour chaque Deſtroict il y ait vn Directeur Eccleſiaſtique, & deux Cheualiers. Nous concedons auſſi la faculté aux Directeurs deputez en cette maniere, de dreſſer & d'eſtablir quelques Statuts & Ordonnances propres pour la bonne conduitte de l'Ordre, ſelon qu'il les iugeront en leur conſcience, conuenir à la qualité des lieux, des choſes & du tẽps: leſquels Statuts ſeront obſeruez reſpectiuemẽt par les Cheualiers des Deſtroicts ſuſ-nommés, iuſques au Chapitre general, & non apres, pourueu auſſi que ces Statuts ſoient licites, honneſtes, & non contraires aux ſaincts Canons, & aux Decrets du Concile de Trente. Nous leur concedons auſſi le pouuoir de donner l'Habit par eux-meſmes, ou par ceux qu'ils deputeront, aux perſonnes propres, & qui ayans les qualités neceſſaires, demanderont d'estre enroollés en cette Milice, & pourront faire tout ce qui sera necessaire pour cét effect, dans cét interuale de temps iusques au Chapitre general. Nous voulons que les lettres presentes ne puissent estre notées d'aucun manquement, ny debattuës, ou reduittes à la maniere & au terme du droict, encores que l'on voulust alleguer que la cause, ou les causes, pour laquelle, ou pour lesquelles, elles ont emané de nous, n'auroient esté iustifiées & verifiées, & que ceux lesquels y ont interest, ou qui pourroiēt pretendre d'en auoir, n'y auroiēt eſté appellés, ou pour aucunes autres cauſes de pretendre quelque ſurpriſe, obreption, vice de nullité, ou deffaut de noſtre intẽtion. Mais nous decrettons & ordonnons par authorité Apoſtolique, & par la teneur des preſentes, qu'elles ſoient pour touſiours valides & efficaces, & obtiennent leurs pleins & entiers effects, & que tous Iuges ordinaires & delegués, meſmes les Auditeurs des cauſes du Palais Apoſtolique, les Cardinaux de la S. Egliſe Romaine, les Legats *à latere*, les Vice-legats, & les Nonces du Siege Apoſtolique, puiſſent en tous lieux,

& toutes les fois qu'il escherra, en toutes causes & instances les decider, definir & terminer, selon le contenu des presentes. Finalement, nous concedons indulgence & remission pleniere de tous pechez, au Grād Maistre, aux Cheualiers, & autres personnes qui appartiendront à cette Milice en la suitte des tēps, au iour de leur profession, s'ils sont penitents & confessez, et font la saincte Communion : encore qu'ils ne puissent commodément receuoir ces saincts Sacremēs, en quelque iour que ce soit qu'ils se trouueront en vne action et fonction de guerre, ou en vn combat contre les ennemis de la foy Catholique, pourueu qu'ils soient contrits. Nonobstant nostre constitution sur les graces que l'on ne doit accorder *ad instar*, ou autres quelconques Ordonnances speciales, ou generales, desia faites, ou qui pourroient estre faites à l'aduenir par les Conciles Apostoliques, Prouinciaux, Synodaux et vniuersels, encore qu'elles fussent appuyées par serment et confirmation Apostolique, Statuts, Coustumes, Priuileges & lettres Apostoliques. Soubs quelconques teneurs & formes, & auec quelconques clauses derogatoires, anullantes, & autres Decrets qui pourroient apporter force & vigueur de cõtract, & seroient concedez en aucune maniere, approuuez et innouez au contraire de ce que dessus. A toutes lesquelles choses, & à toutes oppositions quelconques, nous dérogeons tres-amplement, et seulement pour cette fois, specialemẽt & expressement. Nous voulons que cette exemption ne comprenne pas les Eglises & les personnes qui y resident, lesquelles sont chargées du soing des ames. En quoy l'on obseruera entierement les Decrets du Cõcile de Trente. Qu'il ne ſoit donc permis à perſonne quelcõque d'oppugner & contredire par vn attentat temeraire cette noſtre patẽte d'abſolution, d'erection, d'inſtitution, d'application, d'appropriation, de ſubiection, de conceſſion, d'ordination, de derogation, faictes par noſtre volonté. Que ſi aucun preſume d'entreprendre au contraire, qu'il ſoit certain d'encourir l'indignation de Dieu tout-puiſſant, & de ſes bien-heureux Apoſtres, ſainct Pierre & ſainct Paul. Donné à Rome à S. Pierre, l'an de l'Incarnation de noſtre Seigneur, mil ſix cens vingt-quatre, le iour precedent des Ides de Feurier, le premier an de nostre Pontificat.

Escrit au bas,

Pour l'Illustrißime Seigneur le Cardinal Ludouisio, Abbreuiateur.

N. Vrsinus I. Bulgarinus.

Au lieu du plomb. †

G. Montanus

Enregistree en la Secretairie des Brefs.

FIN.

www.ingramcontent.com/pod-product-compliance
Lightning Source LLC
LaVergne TN
LVHW050420160826
845677LV00002BA/456

9782329754659